Bibliografische Information der Deutschen Nationalbibliothek:

Die Deutsche Bibliothek verzeichnet diese Publikation in der Deutschen National-
bibliografie; detaillierte bibliografische Daten sind im Internet über http://dnb.d-
nb.de/ abrufbar.

Impressum:

Copyright © 2017 GRIN Verlag
Druck und Bindung: Books on Demand GmbH, Norderstedt Germany
ISBN: 9783668800335

Dieses Buch bei GRIN:

https://www.grin.com/document/438808

Saskia Schmidt

Grundlagen des Sport - und Vereinsrechts. Haftung und Arbeitsrecht im Sport, Sponsoringvertrag und steuerliche Aspekte

GRIN Verlag

GRIN - Your knowledge has value

Der GRIN Verlag publiziert seit 1998 wissenschaftliche Arbeiten von Studenten, Hochschullehrern und anderen Akademikern als eBook und gedrucktes Buch. Die Verlagswebsite www.grin.com ist die ideale Plattform zur Veröffentlichung von Hausarbeiten, Abschlussarbeiten, wissenschaftlichen Aufsätzen, Dissertationen und Fachbüchern.

Besuchen Sie uns im Internet:

http://www.grin.com/

http://www.facebook.com/grincom

http://www.twitter.com/grin_com

Deutsche Hochschule für

Prävention und Gesundheitsmanagement

Hermann Neuberger Sportschule 3

66123 Saarbrücken

Einsendeaufgabe

Fachmodul: Sport- und Vereinsrecht

Studiengang: Sportökonomie

Datum
Präsenzphase   **11.09.-13.09.2017**

Name, Vorname: Schmidt, Saskia Selina

Studienort: **Hamburg**

Semester: **Wintersemester 2015**

Inhaltsverzeichnis

1 Grundlagen Sport- und Vereinsrecht

Im Folgenden wird untersucht, ob die Aktivitäten, die Organisation und auch die Struktur des RasenBallsport Leipzig e.V. im Zusammenspiel mit der Red Bull GmbH nach § 21 BGB legitim sind.

1.1 Beurteilung wirtschaftlicher Verein anhand Struktur, Organigramm und Satzung

Laut § 21 BGB handelt es sich bei einem idealtypischen (nichtwirtschaftlichen) Verein um einen Verein, der keinen wirtschaftlichen Zweck verfolgt (Märkle & Alber, 2008, S.30). Betrachtet man den Auszug der Satzung des RasenBallsport Leipzig e.V. wird deutlich, dass der Verein aus sieben bis elf Mitgliedern besteht, die allein über das Wahlrecht und die Stimmrechte verfügen. Hinzukommt, dass diese Mitglieder auch an der Vereinsgestaltung - und Vereinsarbeit beteiligt sind. Die Struktur des RB Leipzig zeigt, dass mindestens die Hälfte der Mitglieder auch bei der Red Bull GmbH beschäftigt sind.

Auffällig ist, dass diese Mitglieder vollständig den Ehrenrat und den Vorstand des RB Leipzig e.V. besetzen. Die Red Bull GmbH verfolgt wirtschaftliche Ziele für ihre Produkte und strebt Marketingziele beim RB Leipzig an. Besonders vor dem Hintergrund, dass die Mitglieder die kompletten Wahl – und Stimmrechte besitzen, kann man davon ausgehen, dass es sich um einen wirtschaftlichen Verein handelt, weil diese Mitglieder wahrscheinlich immer zugunsten der Red Bull GmbH entscheiden und damit wirtschaftliche Ziele sichern. Gemäß § 26 I S.1 BGB ist der Vorstand ein zwingend notwendiges Organ des eingetragenen Vereins. Des Weiteren ist auch die Mitgliederversammlung unentbehrlich. Zwar können Rechte eingeschränkt, die Mitgliederversammlung jedoch nicht komplett abgeschafft werden. Die Struktur des RB Leipzig gibt allerdings noch weitere Organe, wie den Ehrenrat oder die operative Ebene. Nennenswert ist an dieser Stelle, dass die Mitglieder der operativen Ebene die einzigen Personen sind, die nicht direkt zur Red Bull GmbH gehören und auch diejenigen sind, die keine Stimmrechte besitzen. Stimmrechte liegen wie bereits erwähnt nur beim Vorstand und dem Ehrenrat, die sich ausschließlich aus Mitarbeitern der Red Bull GmbH zusammensetzen.

Anhand der Satzung und der Struktur des Vereins kann man an dieser Stelle durchaus annehmen, dass es sich bei dem RasenBallsport Leipzig e.V. um einen wirtschaftlichen Verein handelt.

1.2 Beurteilung wirtschaftlicher Verein anhand GuV

Mithilfe der vorliegenden GuV 2012/2013 des RasenBallsport e.v. lassen sich Erträge und Aufwendungen bewerten und somit Besonderheiten feststellen, die aufzeigen, dass es sich um einen wirtschaftlichen Verein handeln könnte. Beginnend bei den Erträgen wird deutlich, dass prozentual durch die Werbung und mediale Verwertung am meisten eingenommen wird. Eine mögliche Erklärung hierfür könnten die Wirtschafts – und Marketingziele der Red Bull GmbH sein. Der Spielertrag ist in der dritten Bundesliga mit nur 19,1% fast um die Hälfte geringer, als die Werbung. Daran sieht man, dass der Fußball an sich keine tragende Rolle spielt. Auffallend ist, dass der Spielertrag in der zweiten Bundesliga sogar nochmal sinkt. Hinzuzufügen wäre an dieser Stelle auch der sehr geringe Ertrag des Merchandisings. Sowohl in der dritten als auch in der zweiten Bundesliga sind die prozentualen Werte sehr gering. In der zweiten Bundesliga müssten diese Erträge eigentlich ansteigen, da der Verein an Ansehen gewinnt und die Fans mehr Artikel kaufen. Allerdings hat der Wert sich halbiert.

Die Aufwendungen zeigen, dass sehr wenig in die Jugend und Amateure investiert wird und das meiste Geld in die Profiabteilungen fließt, was wiederum einer Gemeinnützig-keit widerspricht, da diese insbesondere im Bereich der Jugendarbeit tätig sein sollte. In der zweiten Bundesliga sinken die Aufwendungen für die Jugend sogar nochmal. Diese Zahlen zeigen, dass der Verein größtenteils nur die Profis fördert.Eine Erklärung hierfür könnte sein, dass die erfolgreichen Spieler mehr Publikum und Fans locken und sich die Red Bull Produkte damit besser verkaufen lassen. Die Fans verbinden Red Bull dann mit dem Erfolg und identifizieren sich damit.

Zusammenfassend kann man also sagen, dass die GuV des RasenBallsport e.V. durch-aus Besonderheiten aufzeigt, die für wirtschaftliche Absichten sprechen.

1.3 Beurteilung wirtschaftlicher Verein anhand Schreibweise, Logo, Sponsoring und Homepage

Als Nächstes wird die Schreibweise, das Logo, das Sponsoring und die Homepages des Vereins beurteilt.

Die Homepage des Vereins ist genauso wie der Energy – Drink „Red Bull" mit den Far-ben rot und blau gestaltet. Unter dem Ordner „Karriere" stellt der Verein Jobangebote unter dem Slogan „ Verleihen Sie Ihrer Karriere Flügel." (RasenBallsport Leipzig, 2017) dar. Red Bull wirbt genau mit diesem Spruch („ Red Bull verleiht Flügel."). Es ist erkennbar, dass die Homepage des Fußballvereins sehr an das Konzept der Red Bull GmbH angepasst ist.

Bei der Schreibweise des Vereins lassen sich ebenfalls starke Ähnlichkeiten erkennen. Das „R" und das „B" werden sowohl bei „RasenBallsport" als auch bei der Red Bull GmbH großgeschrieben. Das Kürzel des Vereins ist RB Leipzig, was schnell zu Verwechslungen mit dem Energy – Drink „ Red Bull" führen kann. Viele Menschen sagen beispielsweise „Red Bull Leipzig" anstelle von „RasenBallsport Leipzig". Hierbei wird deutlich, wie stark der Einfluss des Sponsors ist. Dieser hat definitiv eine tragende Rolle im Verein und ist sehr präsent. Teilweise ist nicht mehr klar erkennbar, ob es sich nun um den Fußball oder um den Energy- Drink handelt.

Das Logo des Vereins setzt sich aus zwei roten Bullen zusammen, die aufeinander auf einem gelben Hintergrund zuspringen. Vergleicht man dieses Logo mit dem der Red Bull GmbH (Energy Drink Red Bull, 2017.), ist erkennbar, dass die beiden Logos fast identisch aussehen. Sowohl die Farbgebung, als auch die Motive sind zum Verwechseln ähnlich. Ohne den Fußball und den Vereinsnamen würde es sich um das Logo der Red Bull GmbH handeln. Nicht verwunderlich ist es, dass Red Bull der Hauptsponsor des Fußballvereins ist. Die GmbH ist sowohl auf der Homepage als auch auf den Trikots sehr präsent. Ergänzend zu den bereits genannten Punkten kann man an dieser Stelle noch die Trikots der Spieler nennen. Im Jahr 2014 trugen die Spieler weiße Trikots, auf denen vorne und genau mittig sehr groß und deutlich das Logo der Red Bull GmbH abgedruckt war. Für gewöhnlich sind Sponsoren durch kleine Aufdrucke auf den Trikots vertreten und schmücken nicht den halben Oberkörper der Spieler. Ein weiteres Indiz für die doch sehr große Ähnlichkeit des Sportvereins und der GmbH ist das Maskotten des RB Leipzig, welches ein roter Bulle ist. Dieser rote Bulle ist ebenfalls das Markenzeichen der Red Bull GmbH.

Zusammenfassend kann man also sagen, dass auch nach der Beurteilung anhand der Schreibweise, des Logos, des Sponsorings und der Homepage, der Gedanke nahe liegt, dass es sich bei dem RasenBallsport Leipzig e.V. um einen wirtschaftlichen Verein handelt.

1.4 Konsequenzen

Als Letztes wird dargestellt, welche Konsequenzen es für den RasenBallsport Leipzig e.V. hätte, wenn es sich tatsächlich um einen wirtschaftlichen Verein handeln würde. Insbesondere die steuerrechtlichen Folgen für den Verein wären fatal. Eine Gemeinnützigkeit hat große steuerrechtliche Vorteile für einen Verein (Dehesselles & Bragrock, 2012, S.44). Ein solch gemeinnütziger Verein wird in vier Sphären eingeteilt (Dehesselles & Bragrock, 2012, S.47). Die erste Sphäre ist die ideelle Sphäre, deren Einnahmen (z.B Spenden) von der Körperschaftssteuer – und der Gewerbesteuerpflicht befreit sind (Jäck, 2012, S.351). Dieser Bereich hätte für den RasenBallsport Leipzig e.V. keine finanziellen Konsequenzen.

Die zweite Sphäre ist die Vermögensverwaltung, bei der alle Einnahmen von der Ertragssteuer befreit sind (Dehesselles & Bragrock, 2012, S.47 f.). In diesem Fall hätte es Konsequenzen für den Verein, da bei Aberkennung des nichtwirtschaftlichen Vereins die Ertragssteuer für alle Einnahmen anfallen würde. Konkret würde dies bedeuten, dass nach § 23 Abs. 1 KStG 15% Körperschaftssteuer auf das zu versteuernde Einkommen anfallen würden. Außerdem müssen Kapitalgesellschaften auch eine Gewerbesteuer abführen, welche gemäß § 11 Abs. 2 GewStG die Steuermesszahl 3,5% beträgt und meistens mit einem Hebesatz von 400% berechnet wird.

Die nächste Sphäre, der wirtschaftliche Geschäftsbetrieb, besagt, dass Gewinne, die einen Bruttojahreswert von 35.000€ nicht überschreiten, von der Körperschafts - und Gewerbesteuer befreit sind (Dehesselles & Bragrock, 2012, S.49 f.). Wenn es sich bei dem RasenBallsport Leipzig e.V. nicht mehr um einen gemeinnützigen Verein handeln würde, müsste der Verein auch rückwirkend alle Gewinne mit dem zuvor genannten Satz versteuern. Beim Verstoß gegen die Vorschriften der Gemeinnützigkeit kann auch noch rückwirkend von bis zu zehn Jahren eine Versteuerung verlangt werden (Dehesselles & Bragrock, 20120, S.45). Dies hätte starke finanzielle Konsequenzen für den Verein. Die letzte Sphäre ist der Zweckbetrieb, der angibt, dass die Gewinne aus diesem Bereich von der Gewerbesteuer- und Körperschaftssteuerpflicht befreit sind (Jäck, 2012, S.352). Auch hier werden bei einem Verlust der Gemeinnützigkeit alle Gewinne steuerpflichtig. Anfallende Steuerzahlungen werden üblicherweise mit begünstigten sieben Prozent besteuert, aber wenn der Verein als wirtschaftlicher Verein eingetragen ist, fallen die kompletten 19 Prozent an. Zusammenfassend kann man sagen, dass eine Einstufung als wirtschaftlicher Verein große Konsequenzen für den Verein hätte. Es käme zu hohen Steuer-nachzahlungen, die den Verein in den finanziellen Ruin treiben könnten.

1.5 Zusammenfassung

Mithilfe der vorherigen Aufgaben wurden einige Punkte erarbeitet, die deutlich aufzei-gen, dass der RasenBallsport Leipzig e.V. kein idealtypischer Verein ist. Durch die enge Zusammenarbeit mit der Red Bull GmbH werden wirtschaftliche Ziele verfolgt und der eigentliche Sport „Fußball" spielt nur eine Nebenrolle. Die Red Bull GmbH möchte wirtschaftliche Ziele erreichen und nutzt dazu den Verein. Daher handelt es sich meiner Meinung nach um einen wirtschaftlichen Verein und keinesfalls um eine idealtypische Gestaltung.

1.6 Strukturelle Veränderung des RasenBallsport Leipzig e.V.

Ende 2014 kam es zu einer außerordentlichen Mitgliederversammlung, bei der die 14 Mitglieder des Vereins und 40 weitere Fördermitglieder anwesend waren (WeltN24 GmbH, 2014). Ziel dieser Versammlung war es, über die Ausgliederungen der Mann-schaften abzustimmen. Die Mitglieder haben einstimmig für die Ausgliederung in eine Spielbetriebs GmbH gestimmt (WeltN24 GmbH, 2014). In dem Artikel werden einige Gründe für die Ausgliederung genannt. Ein Grund dafür ist laut dem Vorstandsvorsit-zenden Mintzlaff die professionelle Aufstellung des Vereins, um weiterhin konkurrenz-fähig zu bleiben (WeltN24 GmbH, 2014). Vor diesem Beschluss befand der Verein sich in einer rechtlichen Grauzone und durch den Beschluss ist auch der Wunsch der DFL erfüllt worden. Ein weiterer Grund ist die Öffnung für neue Investoren und Partner (LVZ, 2014). Der Verein ist als Kapitalgesellschaft auch für andere große Geldgeber in-teressant. Beispielsweise sind Porsche und Volkswagen als Sponsoren bei dem Fußball-verein eingestiegen (WeltN24, 2014). Der dritte Grund für die Ausgliederung war das Anzweifeln der Gemeinnützigkeit des Vereins, wodurch Vorwürfe wie „ Rechtsformver-fehlung" im Raum standen. Es hätte passieren können, dass das Finanzamt den Status aberkennen und damit wäre es zu großen finanziellen Konsequenzen gekommen.

Generell hat sich die Struktur beim RB Leipzig ein wenig verändert. Es wurde ein wei-teres Mitglied für den Aufsichtsrat bestimmt, der nicht aus der Red Bull GmbH stammt, sondern Geschäftsführer eines Unternehmens und großer Fan des Vereins ist (Kroemer, 2015). Die „ 50+1 Regel" muss weiterhin noch verfestigt werden. Der Verein hat mitt-lerweile 200 Fördermitglieder, die allerdings kein Stimmrecht besitzen, da die Stimmrechte nach wie vor nur bei den 14 Mitgliedern und dem Vorstand liegen (Kroemer, 2015). Der Verein bezeichnet sich selbst als sehr offen und begründet dies mit der Möglichkeit, dass die Fans eine in Gold, Silber oder Bronze (für 100-1000€ pro Jahr) unterteilte Mitgliedschaft erwerben können (Kroemer, 2015). Allerdings bringt diese Mitgliedschaft auch kein Stimmrecht mit sich.

.

2 Haftung im Sport

2.1 Haftung – Teil I

Frage: Kann Thomas Ersatz seiner Behandlungskosten vom Verein verlangen?

Sobald ein Zuschauer Eintritt bezahlt, um eine Sportveranstaltung zu besuchen, besteht ein Zuschauervertrag. Dadurch gehen beide Parteien Vertragspflichten ein und sobald eine dieser Pflichten durch den Veranstalter verletzt werden, kann der Zuschauer nach **§ 280 BGB** Schadensersatz verlangen (Fechner et al., 2014, S.86).

Gemäß **§ 31 BGB** kann die Pflichtverletzung auch direkt dem Verein zugeordnet werden, wenn kein Vorsatz oder grobe Fahrlässigkeit vorliegt. Der Mitarbeiter Friedrich, der für die Kontrolle der Auffangnetze zuständig war, ist hauptamtlich bei dem Verein beschäftigt und für diese Aufgabe zuständig. In diesem Fall liegt eine Fahrlässigkeit vor, die dann gemäß **§ 31 BGB** dem Verein zugeordnet wird.

Thomas kann also einen Ersatz seiner Behandlungskosten vom Verein verlangen.

2.2 Haftung – Teil II

Frage: Kann die Sauerland Event GmbH von Klaus den Ersatz des Schadens verlangen?

Anspruchsgrundlage: **§ 823 I BGB deliktische Haftung**

In diesem Fall liegt eine Rechtsgutverletzung vor → Körperverletzung an Arthur Abraham

durch Verletzungshandlung → verkehrswidriges Fahren des Kraftfahrers Klaus

Kausalität → liegt nicht vor, da kein Zurechnungszusammenhang besteht, da der Fahrer Klaus nicht direkt an dieser Sportveranstaltung beteiligt war.

Daher kann die Sauerland Event GmbH von Klaus keinen Schadensersatz verlangen, da nicht alle Voraussetzungen erfüllt sind.

2.3 Haftung – Teil III

Frage: Zu klären ist, ob Meier eine Chance auf Schadensersatz hat.

Zwischen zwei Sportlern gibt es keine Vertragsbeziehung, wodurch jegliche Anspruchsgrundlage nach **§ 280 BGB** ausscheidet. Rechtsgüter wie „Gesundheit", „Körper" und „Eigentum" sind im Sport häufig betroffen und deshalb wird in diesem Fall die Anspruchsgrundlage nach **§ 823 I BGB** genutzt (Fechner et al., 2014, S.79). Fußball gehört zu den Sportarten, bei denen Verletzungen sehr häufig vorkommen, da es sich um einen Kontaktsport handelt. Um in diesem Fall Schadensersatz von Schmidt zu bekommen, müsste ihm eine Vorsätzlichkeit oder Fahrlässigkeit nachgewiesen werden. Einerseits hat Schmidt seinen Gegenspieler gefoult und dafür eine rote Karte erhalten, aber andererseits sind solche Platzverweise Gang und Gebe auf dem Fußballplatz. Die Beweislast trägt Herr Meier, also der Geschädigte (Heermann, 2008, S.115). In diesem Fall steht es Aussage gegen Aussage und es müssten weitere Zeugen hinzugezogen werden, um Schmidt eine Rechtswidrigkeit, d.h. eine schwere Vernachlässigung des Regelwerkes im Sports, nachweisen zu können. Beispielsweise kann in diesem Fall der Schiedsrichter befragt und deren Spielbericht geprüft werden. Eine weitere Möglichkeit wäre es, Mitspieler oder Zuschauer nach dem Vorfall zu befragen. Problematisch wird es aber insofern, dass dieser Sport emotional behaftet ist und die jeweils Befragten wahrscheinlich immer zugunsten ihrer Mannschaft aussagen würden.

Meiner Meinung nach handelt es sich daher bei diesem Beispiel nicht um einen Vorfall, der Schadensersatz verlangen lässt, da solche Unfälle und Verletzungen bei einer Sportart wie Fußball regelmäßig passieren und die Beweislage sehr gering ist.

3 Arbeitsrecht im Sport

3.1 Arbeitsrecht – Fall I

Laut § 611a / S.3 BGB ist ein Selbstständiger nicht an Arbeitszeiten gebunden und kann seine Tätigkeiten selbst gestalten. Außerdem kann der Sportler selbst entscheiden, ob er an Wettkämpfen teilnehmen möchte und hat keine Vorgaben durch Sponsoren (Wüterich & Breucker, 2006, S.105). § 2 des Vertrages zwischen dem Sportler und dem Kraftsportverein besagt, dass Henry S. frei über seine Trainings – und Vorbereitungszeiten entscheiden kann. Außerdem entscheidet er selbst über Teilnahmen an Wettkämpfen. Vergleicht man die Paragraphen des Vertrages mit den Anhaltspunkten für eine Selbstständigkeit, ist Henry S. meiner Meinung nach als Selbstständiger einzustufen, da er frei über seine Tätigkeiten als Sportler entscheidet und keinen Anweisungen unterliegt.

3.2 Arbeitsrecht – Fall II

Laut § 8 der Spielordnung des DFB handelt es sich bei einem Spieler um einen Amateur, wenn er kein Entgelt erhält, sondern lediglich einen Aufwendungsersatz bis zu 249,99€ (Wüterich & Breucker, 2012, S.156). Die erste Mannschaft des Sportvereins „Kicker e.V." erhält allerdings für jedes Spiel eine Vergütung von 50-80€ und bekommt Fahrtkosten – und Sportbekleidungskosten erstattet. Wenn man diese Beiträge ungefähr zusammenrechnet, wird deutlich, dass damit der Mindestsatz von 249,99€ überschritten wird und es sich daher um Arbeitnehmer handelt. Außerdem hat der Verein mit den Spielern eine mündliche Vereinbarung über die Einhaltung von Trainingszeiten vereinbart. Daher besteht zwischen den Spielern und dem Verein ein Vertrag, der konkrete Verpflichtungen festhält (Wüterich & Breucker, 2012, S.154). Aufgrund dieser Anhaltspunkte wird ebenfalls ersichtlich, dass es sich bei den Spielern um Arbeitnehmer handelt und nicht um Amateure.

3.3 Arbeitsrecht – Fall III

Meiner Meinung nach ist Tristan R. als Arbeitnehmer einzustufen und damit auch versicherungspflichtig beschäftigt. Laut Wüterich & Breucker (2006, S.105) sind „Arbeitnehmer" diejenigen, die fremdbestimmt und weisungsgebunden eine Arbeitsleistung gegen eine Vergütung erbringen (§ 611a I BGB). Die Trainingszeiten – und Plätze wurden von dem Vorgesetzten Arnold M. festgesetzt. Tristan R. erhielt einen PKW, um Besprechungen für die Vorbereitung der Saison zu führen. Die Kosten für den Wagen wurden komplett von dem Vorgesetzten getragen. In seiner Funkion als Trainer stand er in ständiger Absprache mit Arnold M., was dafür spricht, dass er kaum selbstständige Entscheidungen treffen kann. Während seines Urlaubes und Krankheit hat er sein vorher vereinbartes Gehalt weiterhin erhalten. Auch dieser Hinweis deutet auf ein Arbeitnehmerverhältnis hin. Zusammenfassend kann ich meine erste Einschätzung also bestätigen, dass Tristan R. eindeutig als Arbeitnehmer einzustufen ist und damit auch zurecht versicherungspflichtig beschäftigt ist.

4   Sponsoringvertrag

Nachfolgend wird ein Sponsoringvertrag für den „Saar - LaufCup" dargestellt.

Sponsoringvertrag

zwischen

der „Runtastic Saarland GmbH" , vertreten durch die Vorstandsvorsitzende Luise Margert, Fischstraße 34, 66346 Musterstadt

-nachfolgend „**Sponsor**" genannt-

und

dem „Lauftreff − Freunde Köllertal e.V." , vertreten durch den Vorstandsvorsitzenden Andreas Plickert, Musterstraße 58, 66346 Musterstadt

-nachfolgend „**Gesponserter**" genannt-

wird der folgende Sponsoringvertrag geschlossen:

Präambel

Der Sponsor vertreibt qualitativ hochwertige Sportbekleidung − und Ausrüstung in und um das Saarland. Mit dem Sponsoring soll der Bekanntheitsgrad gesteigert und das Image noch mehr verbessert werden.

Der Gesponserte ist ein Leichtathletikverein, der auf nationaler Ebene sehr erfolgreich ist und durch den jährlich stattfindenden Laufwettbewerb soll die Attraktivität und vor allem die Bekanntheit auf internationaler Ebene erhöht werden.

§ 1 Leistungen des Sponsors

− *Dienstleistung:* Der Sponsor verpflichtet sich, für alle vier geplanten Laufveranstaltungen auf eigene Kosten, eine Werbekampagne aufzustellen und durchzuführen. Die Werbekampagne umfasst regionale Plakat − und Zeitungswerbung, sowie Hörfunk - und Anzeigenwerbung. Des Weiteren werden Veranstaltungsprogramme erstellt. Das gesamte Konzept wird schriftlich festgehalten und dem Gesponserten bis zum 31.01.2018 vorgelegt.

− *Sachleistung*: Der Sponsor verpflichtet sich, dem Gesponserten einmalig bis zum 31.03.2018 aus seinem Sportartikelsortiment folgende Produkte zur Verfügung zu stellen: Laufshirts und Caps für alle Teilnehmer, Gutscheine für Gewinner und Platzierte, T-Shirts und Jacken für alle Helfer.

- *Geldleistung*: Der Sponsor verpflichtet sich, einmal für die Durchführung der geplanten Laufserie eine Summe von 37.500€ an den Gesponserten zu zahlen. Fällig wird die Zahlung am 20.01.2018 und hat auf das Konto bei der Musterbank (Iban: DE27362937494098, BIC: HEBAKDU) zu erfolgen.

§ 2 Gegenleistung des Gesponserten

Der Gesponserte erbringt als Gegenleistung die nachfolgenden Leistungen:

- der Gesponserte räumt dem Sponsor das Recht ein, sich vor und während der Veranstaltung in jeglichen Werbeslogans als „Offizieller Hauptsponsor des Saar – LaufCups" bezeichnen zu dürfen.

- Dem Sponsor ist es gestattet, im Zielbereich ein Zelt aufzubauen und die Laufstrecken mit Banden zu markieren.

- Der Sponsor verpflichtet sich, die Banden und Zelte rechtzeitig (mindestens 24 Stunden vor Beginn der Veranstaltung) anzubringen, um den Ablauf der Veranstaltung nicht zu behindern.

§ 3 Gefahrtragung

Im Falle einer Undurchführbarkeit der einzelnen Veranstaltungen durch höhere Gewalten, trägt der Gesponserte das volle Risiko.

§ 4 Laufzeit

Der Sponsoringvertrag ist befristet und endet mit dem Abschluss der Laufserie am 31.08.2018. Somit wird keine Kündigung benötigt.

§ 5 Zahlungsmodalitäten

Wie in § 1 erwähnt, wird der zu leistende Geldbetrag als Vorleistung zu dem oben genannten Datum auf das ebenfalls genannte Konto überwiesen.

§ 6 Haftungsausschluss

Beide Vertragspartner sind sich einig, dass der Sponsor an der Durchführung und Organisation der Veranstaltung nicht beteiligt ist und somit auch keine Verantwortung und Haftung gegenüber Dritten (Teilnehmern, Besuchern) übernimmt.

§ 7 Kündigungsklausel

Sowohl Sponsor als auch Gesponserter haben das Recht, aus wichtigem Grund fristlos zu kündigen. Ein wichtiger Grund, der zur fristlosen Kündigung führen kann, liegt vor, wenn

- die andere Partei schuldhaft gegen die oben vereinbarten Vertragspflichten verstoßen hat und den Verstoß nicht innerhalb einer angegebenen Frist abstellt
- die andere Partei gegen gesetzliche Vorschriften verstoßen hat, die für die Durchführung des Sponsoringvertrages von Bedeutung sind

§ 8 Schriftformklausel

Alle Ergänzungen oder Änderungen des Sponsoringvertrages müssen schriftlich festgehalten werden. Mündliche Nebenabreden werden nicht berücksichtigt. Beide Vertragspartner sind verpflichtet, Änderungen der Anschrift unverzüglich schriftlich mitzuteilen.

§ 9 Gerichtsstandsvereinbarung

Der Sponsoringvertrag unterliegt bezüglich des Zustandekommens ausschließlich dem Recht der Bundesrepublik Deutschland.

§ 10 Salvatorische Klausel

Sollte es zu Unwirksamkeiten einzelner Bestimmungen kommen, ist der Rest der Wirksamkeit des Vertrages davon nicht betroffen. In einem solchen Fall verpflichten sich beide Vertragsparteien, die unwirksamen Bestimmungen durch eine wirksame oder durchführbare Bestimmung zu ersetzen. Das Gleiche gilt für etwaige Lücken des Vertrages. Kommt es allerdings dazu, dass der Zweck des Sponsoringvertrages durch wirksame Bestimmungen nicht erzielt werden kann, so hat jede Partei die Möglichkeit, den Vertrag aus einem wichtigen Grund, fristlos zu kündigen.

_____

Ort, Datum, Unterschrift des Sponsors

_____

Ort, Datum, Unterschrift des Gesponserten

5 Steuerliche Aspekte im Sport- und Vereinsrecht

5.1 Steuerliche Sphären

An dieser Stelle werden die jährlich anfallenden steuerlichen Folgen errechnet und dargestellt.

1. **Sphäre: Ideelle Sphäre**

echter Mitgliedsbeitrag: 18 €

Mitgliederanzahl: 180

180 x 18 € = 3.240 €

3.240 € x 12 (Monate) = **38.880 €**

2. **Sphäre: Vermögensverwaltung**

Einnahmen durch Grundstückverpachtung: 3.500 € pro Monat

3.500 € x 12 (Monate) = **42.000 €**

3. **Sphäre: Zweckbetrieb**

Einnahmen aus sportlichen Veranstaltungen: **42.000 €**

→ **Die Erträge der ersten drei Sphären sind steuerfrei.** ←

4. **Sphäre: Wirtschaftlicher Geschäftsbetrieb**

a) Einnahmen aus der Kantine des Vereins: 27.000 €

abzüglich 19% Umsatzsteuer (27.000 € - 19% = 22.689,08 €)

Die Umsatzsteuer in Höhe von 19% fällt für die Einnahmen der Kantine an. Durch das Nichterreichen des Höchstsatzes von 35.000 € fallen zwar die Körperschafts – und Gewerbesteuer weg, aber die Umsatzsteuer wird unabhängig davon behandelt.

→ **Umsatzsteueranteil: 4.310,92 €**

b) Einnahmen durch Sponsoring: 45.000 €

abzüglich der Kostenpauschale von 85%

85% von 45.000 € = 38.250 € , d.h. 45.000 € - 38.250 € = 6.750 €

→ *zu versteuerndes Einkommen vor Abzug des Freibetrages: 6.750 €*

hier von wird nun noch der Freibetrag in Höhe von 5.000 € abgezogen. (6.750 € - 5.000 € = 1.750 €)

→ **1.750 € ist der zu versteuernde Gewinn**

Gewerbesteuer (Hebesatz 400%) → (Gewinn x 3,5% x 400%)

1.750 € x 3,5% x 400% = **245 €**

Körperschaftssteuer → 15% vom Gewinn

15% von 1.750 € = **262,50 €**

Zusammenfassung der jährlich anfallenden steuerlichen Folgen des Sportvereins:

a) 4.310,92 €

+

b) (245€ + 262,50€)

= **4.818,42 €**

Der Sportverein muss jährlich einen Betrag in Höhe von 4.818,42 € für Steuern abgeben.

5.2 Umsatzsteuer

Ein gemeinnützig anerkannter Verein wird steuerrechtlich in vier Sphären eingeteilt (Dehesselles & Bragrock, 2012, S.47). Die erste Sphäre ist die ideelle Sphäre, unter die zum Beispiel Mitgliedsbeiträge fallen. In dieser Sphäre fallen weder Körperschafts – noch Gewerbesteuern an (Jäck, 2012, S.351). Der beispielhafte Geschäftsvorfall der Mitgliedsbeiträge zeigt einen fehlenden Leistungsaustausch an und ist daher nach deutschem Recht auch nicht umsatzsteuerpflichtig (Dehesselles & Bragrock, 2012, S.46). Bei der zweiten Sphäre handelt es sich um die Vermögensverwaltung, die ebenfalls von allen ertragssteuerlichen Pflichten befreit ist (Dehesselles & Bragrock, 2012, S.47f.). Ein Beispiel hierfür wäre die Vermietung von Vereinsgaststätten, für die auch keine Umsatzsteuer anfällt, da die Vermietung und Verpachtung von Grundstücken in der Regel umsatzsteuerbefreit ist (Dehesselles & Bragrock, 2012, S.50). Der Zweckbetrieb, die dritte Sphäre, ist ein wirtschaftlicher Geschäftsbetrieb, der einen gemeinnützigen Zweck verfolgt (Dehesselles & Bragrock, 2012, S.47). Ein beispielhafter Geschäftsvorfall hierfür wären die Anmeldegebühren eines Laufes. Allerdings dürfen diese Einnahmen die Grenze von 45.000 € pro Jahr nicht überschreiten, da die Gewinne sonst mit der Körperschafts – und Gewerbesteuer versteuert werden. In diesem Fall sind die Teilnehmergebühren auch von der Umsatzsteuer befreit, da laut § 4 Nr. 22b UStG. die Teilnahmegebühren für eine sportliche Veranstaltung umsatzsteuerbefreit sind (Dehesselles & Bragrock, 2012, S.50). Die letzte Sphäre ist der wirtschaftliche Geschäftsbetrieb, der der gewöhnlichen Besteuerung zugeteilt wird. Ein Beispiel hierfür wäre der Verkauf von Speisen und Getränken in der Gaststätte des Vereins. Solange die Einnahmen in dieser Sphäre unter 35.000 € pro Jahr liegen, ist der Verein von der Körperschafts- und Gewerbesteuer befreit. Dennoch fällt in diesem Fall die Umsatzsteuer in Höhe von 19% an (Strahl, 2009, S.211). Die Umsatzsteuer wird unabhängig behandelt.

Es wird also ersichtlich, dass lediglich die Einnahmen der ideellen Sphäre umsatzsteuerbefreit sind und die Bereiche der Vermögensverwaltung und des Zweckbetriebes in jedem Einzelfall genauer betrachtet werden müssen. Bei Hinzunahme der nötigen Paragraphen des UStG kann dann überprüft werden, ob ein Steuerbefreiungsbestand vorliegt. Die oben genannten Beispiele konnten alle einen Steuerbefreiungsbestand vorweisen.

6   Literaturverzeichnis

Märkle , R. W. & Alber , M. (2008). *Der Verein im Zivil- und Steuerrecht* (12., neu bearbeitete Aufl.). Stuttgart: Boorberg.

RasenBallsport Leipzig. (2017). *Verein.* Online Zugriff am 14.08.2017. Verfügbar unter https://www.dierotenbullen.com/de

Energy Drink Red Bull (2017). *Homepage.* Online Zugriff am 14.08.2017. Verfügbar unter http://energydrink-de.redbull.com/

Dehesselles, T. & Bragrock, C. (2012). Vereinsführung – Rechtliche und Steuerliche Grundlagen. In A. Galli, V. - C. Elter, R. Gömmel, W. Holzhäuser & W. Straub (Hrsg.) , *Sportmanagement. Finanzierung und Lizenzierung, Rechnungswesen, Recht und Steuern, Controlling, Personal und Organisation, Marketing und Medien* (2., völlig überarbeitete Aufl., S.38-52). München: Vahlen.

Jäck, S. (2012). Ertragssteuern im Sport. In G. Nufer & A. Bühler (Hrsg.), *Management im Sport. Betriebswirtschaftliche Grundlagen und Anwendungen der modernen Sportökonomie* (Sportmanagement, Bd. 1,3., neu bearbeitete und erweiterte Aufl., S.342-375). Berlin: Erich Schmidt.

WeltN24 GmbH (2014). *RB Leipzigs 14 Mitglieder stimmen für Klub-Umbau*, WeltN24 GmbH. Online Zugriff am 14.08.2017. Verfügbar unter https://www.welt.de/sport/fussball/2-bundesliga/article134955547/RB-Leipzigs-14-Mitglieder-stimmen-fuer-Klub-Umbau.html

Leipziger Volkszeitung (2014). *Experte zur Ausgliederung von RB Leipzig in GmbH: „Ziel ist eine weitere Professionalisierung.“* Online Zugriff am 14.08.2017. Verfügbar unter http://www.lvz.de/Sport/RB-Leipzig/News/Experte-zur-Ausgliederung-von-RB-Leipzig-in-GmbH-Ziel-ist-weitere-Professionalisierung

Kroemer, U. (2015). *Mitbestimmung als Farce – Wie RB Leipzig seine Fans kontrolliert.* Online Zugriff am 14.08.2017. Verfügbar unter http://www.n-tv.de/sport/fussball/Wie-RB-Leipzig-seine-Fans-kontrolliert-article14717501.html

Fechner, F., Arnhold, J & Brodführer, M. (2014). *Sportrecht.* Tübingen: Mohr Siebeck.

Heermann, P. W. (2008). *Haftung im Sport.* (Recht im Sport, Bd. 1) Stuttgart: Boorberg.

Wüterich, C. & Breucker, M. (2006). *Das Arbeitsrecht im Sport.* Stuttgart: Boorberg.

Wüterich, C. & Breucker, M. (2012). Das Arbeitsrecht im Sport. In J. Adolphsen, M. Nolte, M. Lehner & M. Gerlinger (Hrsg.), *Sportrecht in der Praxis.* (Rechtswissenschaften und Verwaltung. Handbücher, S. 145-195). Stuttgart: Kohlhammer.

Strahl, M. (2009). Steuerrecht. In J. Horst & M. Nolte (Hrsg.), *Handbuch Sportrecht* (Beiträge zur Lehre und Forschung im Sport, Bd. 169, S. 188-215). Schondorf: Hofmann.